## Choosing A Good Password

- The longer, the better! Make your passwords a minimum of 8 characters, up to 12 characters in length. Use a combination of letters (lower case & upper case), numbers and symbols.

- Make them unique! Make each password you create a little bit different.

- Avoid obvious references such as birthdays, anniversaries, a family member's name or something that relates to the website you're creating a password for.

- Using random words together to create something amusing or memorable.

- The best passwords are completely random, this type of password, however, is difficult to remember, so store them in this handy book and you will have them on hand whenever you need them.

- Regularly change your passwords.

## Keeping Your Passwords Safe

This book contains the necessary information to access your online accounts, so always keep it in a safe place. Don't leave it near your computer, ideally lock it in a safe or a drawer.

# A

Website Name: ....................................................................................
Web URL: ..........................................................................................
Username: .........................................................................................
Password #1: ....................................................................................
Password #2: ....................................................................................
Notes: ...............................................................................................

Website Name: ....................................................................................
Web URL: ..........................................................................................
Username: .........................................................................................
Password #1: ....................................................................................
Password #2: ....................................................................................
Notes: ...............................................................................................

Website Name: ....................................................................................
Web URL: ..........................................................................................
Username: .........................................................................................
Password #1: ....................................................................................
Password #2: ....................................................................................
Notes: ...............................................................................................

Website Name: ....................................................................................
Web URL: ..........................................................................................
Username: .........................................................................................
Password #1: ....................................................................................
Password #2: ....................................................................................
Notes: ...............................................................................................

# A

Website Name: ..............................................................................

Web URL: ..............................................................................

Username: ..............................................................................

Password #1: ..............................................................................

Password #2: ..............................................................................

Notes: ..............................................................................

Website Name: ..............................................................................

Web URL: ..............................................................................

Username: ..............................................................................

Password #1: ..............................................................................

Password #2: ..............................................................................

Notes: ..............................................................................

Website Name: ..............................................................................

Web URL: ..............................................................................

Username: ..............................................................................

Password #1: ..............................................................................

Password #2: ..............................................................................

Notes: ..............................................................................

Website Name: ..............................................................................

Web URL: ..............................................................................

Username: ..............................................................................

Password #1: ..............................................................................

Password #2: ..............................................................................

Notes: ..............................................................................

# A

Website Name: ..............................................................................................

Web URL: ..........................................................................................................

Username: ........................................................................................................

Password #1: .................................................................................................

Password #2: .................................................................................................

Notes: ...............................................................................................................

Website Name: ..............................................................................................

Web URL: ..........................................................................................................

Username: ........................................................................................................

Password #1: .................................................................................................

Password #2: .................................................................................................

Notes: ...............................................................................................................

Website Name: ..............................................................................................

Web URL: ..........................................................................................................

Username: ........................................................................................................

Password #1: .................................................................................................

Password #2: .................................................................................................

Notes: ...............................................................................................................

Website Name: ..............................................................................................

Web URL: ..........................................................................................................

Username: ........................................................................................................

Password #1: .................................................................................................

Password #2: .................................................................................................

Notes: ...............................................................................................................

# A

Website Name: ..........................................................................

Web URL: ..........................................................................

Username: ..........................................................................

Password #1: ..........................................................................

Password #2: ..........................................................................

Notes: ..........................................................................

Website Name: ..........................................................................

Web URL: ..........................................................................

Username: ..........................................................................

Password #1: ..........................................................................

Password #2: ..........................................................................

Notes: ..........................................................................

Website Name: ..........................................................................

Web URL: ..........................................................................

Username: ..........................................................................

Password #1: ..........................................................................

Password #2: ..........................................................................

Notes: ..........................................................................

Website Name: ..........................................................................

Web URL: ..........................................................................

Username: ..........................................................................

Password #1: ..........................................................................

Password #2: ..........................................................................

Notes: ..........................................................................

# B

Website Name: ..............................................................................

Web URL: ..............................................................................

Username: ..............................................................................

Password #1: ..............................................................................

Password #2: ..............................................................................

Notes: ..............................................................................

Website Name: ..............................................................................

Web URL: ..............................................................................

Username: ..............................................................................

Password #1: ..............................................................................

Password #2: ..............................................................................

Notes: ..............................................................................

Website Name: ..............................................................................

Web URL: ..............................................................................

Username: ..............................................................................

Password #1: ..............................................................................

Password #2: ..............................................................................

Notes: ..............................................................................

Website Name: ..............................................................................

Web URL: ..............................................................................

Username: ..............................................................................

Password #1: ..............................................................................

Password #2: ..............................................................................

Notes: ..............................................................................

# B

Website Name: ..........................................................................................

Web URL: ..........................................................................................

Username: ..........................................................................................

Password #1: ..........................................................................................

Password #2: ..........................................................................................

Notes: ..........................................................................................

Website Name: ..........................................................................................

Web URL: ..........................................................................................

Username: ..........................................................................................

Password #1: ..........................................................................................

Password #2: ..........................................................................................

Notes: ..........................................................................................

Website Name: ..........................................................................................

Web URL: ..........................................................................................

Username: ..........................................................................................

Password #1: ..........................................................................................

Password #2: ..........................................................................................

Notes: ..........................................................................................

Website Name: ..........................................................................................

Web URL: ..........................................................................................

Username: ..........................................................................................

Password #1: ..........................................................................................

Password #2: ..........................................................................................

Notes: ..........................................................................................

# B

Website Name: ..............................................................................

Web URL: ..............................................................................

Username: ..............................................................................

Password #1: ..............................................................................

Password #2: ..............................................................................

Notes: ..............................................................................

Website Name: ..............................................................................

Web URL: ..............................................................................

Username: ..............................................................................

Password #1: ..............................................................................

Password #2: ..............................................................................

Notes: ..............................................................................

Website Name: ..............................................................................

Web URL: ..............................................................................

Username: ..............................................................................

Password #1: ..............................................................................

Password #2: ..............................................................................

Notes: ..............................................................................

Website Name: ..............................................................................

Web URL: ..............................................................................

Username: ..............................................................................

Password #1: ..............................................................................

Password #2: ..............................................................................

Notes: ..............................................................................

# B

Website Name: ..................................................................................

Web URL: ..........................................................................................

Username: .......................................................................................

Password #1: ....................................................................................

Password #2: ....................................................................................

Notes: ..............................................................................................

Website Name: ..................................................................................

Web URL: ..........................................................................................

Username: .......................................................................................

Password #1: ....................................................................................

Password #2: ....................................................................................

Notes: ..............................................................................................

Website Name: ..................................................................................

Web URL: ..........................................................................................

Username: .......................................................................................

Password #1: ....................................................................................

Password #2: ....................................................................................

Notes: ..............................................................................................

Website Name: ..................................................................................

Web URL: ..........................................................................................

Username: .......................................................................................

Password #1: ....................................................................................

Password #2: ....................................................................................

Notes: ..............................................................................................

# C

Website Name: ........................................................................................

Web URL: ...............................................................................................

Username: .............................................................................................

Password #1: .........................................................................................

Password #2: .........................................................................................

Notes: ....................................................................................................

Website Name: ........................................................................................

Web URL: ...............................................................................................

Username: .............................................................................................

Password #1: .........................................................................................

Password #2: .........................................................................................

Notes: ....................................................................................................

Website Name: ........................................................................................

Web URL: ...............................................................................................

Username: .............................................................................................

Password #1: .........................................................................................

Password #2: .........................................................................................

Notes: ....................................................................................................

Website Name: ........................................................................................

Web URL: ...............................................................................................

Username: .............................................................................................

Password #1: .........................................................................................

Password #2: .........................................................................................

Notes: ....................................................................................................

# C

Website Name: ..........................................................................................

Web URL: ..........................................................................................

Username: ..........................................................................................

Password #1: ..........................................................................................

Password #2: ..........................................................................................

Notes: ..........................................................................................

Website Name: ..........................................................................................

Web URL: ..........................................................................................

Username: ..........................................................................................

Password #1: ..........................................................................................

Password #2: ..........................................................................................

Notes: ..........................................................................................

Website Name: ..........................................................................................

Web URL: ..........................................................................................

Username: ..........................................................................................

Password #1: ..........................................................................................

Password #2: ..........................................................................................

Notes: ..........................................................................................

Website Name: ..........................................................................................

Web URL: ..........................................................................................

Username: ..........................................................................................

Password #1: ..........................................................................................

Password #2: ..........................................................................................

Notes: ..........................................................................................

# C

Website Name: ...................................................................................

Web URL: ...........................................................................................

Username: .........................................................................................

Password #1: .....................................................................................

Password #2: .....................................................................................

Notes: ...............................................................................................

Website Name: ...................................................................................

Web URL: ...........................................................................................

Username: .........................................................................................

Password #1: .....................................................................................

Password #2: .....................................................................................

Notes: ...............................................................................................

Website Name: ...................................................................................

Web URL: ...........................................................................................

Username: .........................................................................................

Password #1: .....................................................................................

Password #2: .....................................................................................

Notes: ...............................................................................................

Website Name: ...................................................................................

Web URL: ...........................................................................................

Username: .........................................................................................

Password #1: .....................................................................................

Password #2: .....................................................................................

Notes: ...............................................................................................

# C

Website Name: ..............................................................................

Web URL: ..............................................................................

Username: ..............................................................................

Password #1: ..............................................................................

Password #2: ..............................................................................

Notes: ..............................................................................

Website Name: ..............................................................................

Web URL: ..............................................................................

Username: ..............................................................................

Password #1: ..............................................................................

Password #2: ..............................................................................

Notes: ..............................................................................

Website Name: ..............................................................................

Web URL: ..............................................................................

Username: ..............................................................................

Password #1: ..............................................................................

Password #2: ..............................................................................

Notes: ..............................................................................

Website Name: ..............................................................................

Web URL: ..............................................................................

Username: ..............................................................................

Password #1: ..............................................................................

Password #2: ..............................................................................

Notes: ..............................................................................

# D

Website Name: ............................................................................

Web URL: ............................................................................

Username: ............................................................................

Password #1: ............................................................................

Password #2: ............................................................................

Notes: ............................................................................

Website Name: ............................................................................

Web URL: ............................................................................

Username: ............................................................................

Password #1: ............................................................................

Password #2: ............................................................................

Notes: ............................................................................

Website Name: ............................................................................

Web URL: ............................................................................

Username: ............................................................................

Password #1: ............................................................................

Password #2: ............................................................................

Notes: ............................................................................

Website Name: ............................................................................

Web URL: ............................................................................

Username: ............................................................................

Password #1: ............................................................................

Password #2: ............................................................................

Notes: ............................................................................

# D

Website Name: ..........................................................................

Web URL: ..........................................................................

Username: ..........................................................................

Password #1: ..........................................................................

Password #2: ..........................................................................

Notes: ..........................................................................

Website Name: ..........................................................................

Web URL: ..........................................................................

Username: ..........................................................................

Password #1: ..........................................................................

Password #2: ..........................................................................

Notes: ..........................................................................

Website Name: ..........................................................................

Web URL: ..........................................................................

Username: ..........................................................................

Password #1: ..........................................................................

Password #2: ..........................................................................

Notes: ..........................................................................

Website Name: ..........................................................................

Web URL: ..........................................................................

Username: ..........................................................................

Password #1: ..........................................................................

Password #2: ..........................................................................

Notes: ..........................................................................

# D

Website Name: ....................................................................................

Web URL: ...........................................................................................

Username: .........................................................................................

Password #1: ......................................................................................

Password #2: ......................................................................................

Notes: ................................................................................................

Website Name: ....................................................................................

Web URL: ...........................................................................................

Username: .........................................................................................

Password #1: ......................................................................................

Password #2: ......................................................................................

Notes: ................................................................................................

Website Name: ....................................................................................

Web URL: ...........................................................................................

Username: .........................................................................................

Password #1: ......................................................................................

Password #2: ......................................................................................

Notes: ................................................................................................

Website Name: ....................................................................................

Web URL: ...........................................................................................

Username: .........................................................................................

Password #1: ......................................................................................

Password #2: ......................................................................................

Notes: ................................................................................................

## D

Website Name: ....................................................................................

Web URL: ..........................................................................................

Username: ........................................................................................

Password #1: ....................................................................................

Password #2: ....................................................................................

Notes: ..............................................................................................

Website Name: ....................................................................................

Web URL: ..........................................................................................

Username: ........................................................................................

Password #1: ....................................................................................

Password #2: ....................................................................................

Notes: ..............................................................................................

Website Name: ....................................................................................

Web URL: ..........................................................................................

Username: ........................................................................................

Password #1: ....................................................................................

Password #2: ....................................................................................

Notes: ..............................................................................................

Website Name: ....................................................................................

Web URL: ..........................................................................................

Username: ........................................................................................

Password #1: ....................................................................................

Password #2: ....................................................................................

Notes: ..............................................................................................

# E

Website Name: ..............................................................................

Web URL: ..............................................................................

Username: ..............................................................................

Password #1: ..............................................................................

Password #2: ..............................................................................

Notes: ..............................................................................

Website Name: ..............................................................................

Web URL: ..............................................................................

Username: ..............................................................................

Password #1: ..............................................................................

Password #2: ..............................................................................

Notes: ..............................................................................

Website Name: ..............................................................................

Web URL: ..............................................................................

Username: ..............................................................................

Password #1: ..............................................................................

Password #2: ..............................................................................

Notes: ..............................................................................

Website Name: ..............................................................................

Web URL: ..............................................................................

Username: ..............................................................................

Password #1: ..............................................................................

Password #2: ..............................................................................

Notes: ..............................................................................

# E

Website Name: ....................................................................................

Web URL: ....................................................................................

Username: ....................................................................................

Password #1: ....................................................................................

Password #2: ....................................................................................

Notes: ....................................................................................

Website Name: ....................................................................................

Web URL: ....................................................................................

Username: ....................................................................................

Password #1: ....................................................................................

Password #2: ....................................................................................

Notes: ....................................................................................

Website Name: ....................................................................................

Web URL: ....................................................................................

Username: ....................................................................................

Password #1: ....................................................................................

Password #2: ....................................................................................

Notes: ....................................................................................

Website Name: ....................................................................................

Web URL: ....................................................................................

Username: ....................................................................................

Password #1: ....................................................................................

Password #2: ....................................................................................

Notes: ....................................................................................

# E

Website Name: ....................................................................................

Web URL: .............................................................................................

Username: ...........................................................................................

Password #1: ......................................................................................

Password #2: ......................................................................................

Notes: ...................................................................................................

Website Name: ....................................................................................

Web URL: .............................................................................................

Username: ...........................................................................................

Password #1: ......................................................................................

Password #2: ......................................................................................

Notes: ...................................................................................................

Website Name: ....................................................................................

Web URL: .............................................................................................

Username: ...........................................................................................

Password #1: ......................................................................................

Password #2: ......................................................................................

Notes: ...................................................................................................

Website Name: ....................................................................................

Web URL: .............................................................................................

Username: ...........................................................................................

Password #1: ......................................................................................

Password #2: ......................................................................................

Notes: ...................................................................................................

# E

Website Name: ...........................................................................

Web URL: ...........................................................................

Username: ...........................................................................

Password #1: ...........................................................................

Password #2: ...........................................................................

Notes: ...........................................................................

Website Name: ...........................................................................

Web URL: ...........................................................................

Username: ...........................................................................

Password #1: ...........................................................................

Password #2: ...........................................................................

Notes: ...........................................................................

Website Name: ...........................................................................

Web URL: ...........................................................................

Username: ...........................................................................

Password #1: ...........................................................................

Password #2: ...........................................................................

Notes: ...........................................................................

Website Name: ...........................................................................

Web URL: ...........................................................................

Username: ...........................................................................

Password #1: ...........................................................................

Password #2: ...........................................................................

Notes: ...........................................................................

# F

Website Name: ..............................................................................

Web URL: .........................................................................................

Username: .......................................................................................

Password #1: ...................................................................................

Password #2: ...................................................................................

Notes: .............................................................................................

Website Name: ..............................................................................

Web URL: .........................................................................................

Username: .......................................................................................

Password #1: ...................................................................................

Password #2: ...................................................................................

Notes: .............................................................................................

Website Name: ..............................................................................

Web URL: .........................................................................................

Username: .......................................................................................

Password #1: ...................................................................................

Password #2: ...................................................................................

Notes: .............................................................................................

Website Name: ..............................................................................

Web URL: .........................................................................................

Username: .......................................................................................

Password #1: ...................................................................................

Password #2: ...................................................................................

Notes: .............................................................................................

# F

Website Name: ..........................................................................

Web URL: ..........................................................................

Username: ..........................................................................

Password #1: ..........................................................................

Password #2: ..........................................................................

Notes: ..........................................................................

Website Name: ..........................................................................

Web URL: ..........................................................................

Username: ..........................................................................

Password #1: ..........................................................................

Password #2: ..........................................................................

Notes: ..........................................................................

Website Name: ..........................................................................

Web URL: ..........................................................................

Username: ..........................................................................

Password #1: ..........................................................................

Password #2: ..........................................................................

Notes: ..........................................................................

Website Name: ..........................................................................

Web URL: ..........................................................................

Username: ..........................................................................

Password #1: ..........................................................................

Password #2: ..........................................................................

Notes: ..........................................................................

# F

Website Name: ..................................................................................

Web URL: ..........................................................................................

Username: ........................................................................................

Password #1: ....................................................................................

Password #2: ....................................................................................

Notes: ...............................................................................................

Website Name: ..................................................................................

Web URL: ..........................................................................................

Username: ........................................................................................

Password #1: ....................................................................................

Password #2: ....................................................................................

Notes: ...............................................................................................

Website Name: ..................................................................................

Web URL: ..........................................................................................

Username: ........................................................................................

Password #1: ....................................................................................

Password #2: ....................................................................................

Notes: ...............................................................................................

Website Name: ..................................................................................

Web URL: ..........................................................................................

Username: ........................................................................................

Password #1: ....................................................................................

Password #2: ....................................................................................

Notes: ...............................................................................................

# F

Website Name: ........................................................................

Web URL: ..............................................................................

Username: ............................................................................

Password #1: .........................................................................

Password #2: .........................................................................

Notes: ..................................................................................

Website Name: ........................................................................

Web URL: ..............................................................................

Username: ............................................................................

Password #1: .........................................................................

Password #2: .........................................................................

Notes: ..................................................................................

Website Name: ........................................................................

Web URL: ..............................................................................

Username: ............................................................................

Password #1: .........................................................................

Password #2: .........................................................................

Notes: ..................................................................................

Website Name: ........................................................................

Web URL: ..............................................................................

Username: ............................................................................

Password #1: .........................................................................

Password #2: .........................................................................

Notes: ..................................................................................

# G

Website Name: ....................................................................................

Web URL: ..........................................................................................

Username: .........................................................................................

Password #1: .....................................................................................

Password #2: .....................................................................................

Notes: .............................................................................................

Website Name: ....................................................................................

Web URL: ..........................................................................................

Username: .........................................................................................

Password #1: .....................................................................................

Password #2: .....................................................................................

Notes: .............................................................................................

Website Name: ....................................................................................

Web URL: ..........................................................................................

Username: .........................................................................................

Password #1: .....................................................................................

Password #2: .....................................................................................

Notes: .............................................................................................

Website Name: ....................................................................................

Web URL: ..........................................................................................

Username: .........................................................................................

Password #1: .....................................................................................

Password #2: .....................................................................................

Notes: .............................................................................................

## G

Website Name: ..................................................................................

Web URL: ..........................................................................................

Username: ........................................................................................

Password #1: ....................................................................................

Password #2: ....................................................................................

Notes: ..............................................................................................

Website Name: ..................................................................................

Web URL: ..........................................................................................

Username: ........................................................................................

Password #1: ....................................................................................

Password #2: ....................................................................................

Notes: ..............................................................................................

Website Name: ..................................................................................

Web URL: ..........................................................................................

Username: ........................................................................................

Password #1: ....................................................................................

Password #2: ....................................................................................

Notes: ..............................................................................................

Website Name: ..................................................................................

Web URL: ..........................................................................................

Username: ........................................................................................

Password #1: ....................................................................................

Password #2: ....................................................................................

Notes: ..............................................................................................

# G

Website Name: ..................................................................................

Web URL: ..........................................................................................

Username: ........................................................................................

Password #1: ...................................................................................

Password #2: ...................................................................................

Notes: ...............................................................................................

Website Name: ..................................................................................

Web URL: ..........................................................................................

Username: ........................................................................................

Password #1: ...................................................................................

Password #2: ...................................................................................

Notes: ...............................................................................................

Website Name: ..................................................................................

Web URL: ..........................................................................................

Username: ........................................................................................

Password #1: ...................................................................................

Password #2: ...................................................................................

Notes: ...............................................................................................

Website Name: ..................................................................................

Web URL: ..........................................................................................

Username: ........................................................................................

Password #1: ...................................................................................

Password #2: ...................................................................................

Notes: ...............................................................................................

# G

Website Name: ............................................................................

Web URL: ............................................................................

Username: ............................................................................

Password #1: ............................................................................

Password #2: ............................................................................

Notes: ............................................................................

Website Name: ............................................................................

Web URL: ............................................................................

Username: ............................................................................

Password #1: ............................................................................

Password #2: ............................................................................

Notes: ............................................................................

Website Name: ............................................................................

Web URL: ............................................................................

Username: ............................................................................

Password #1: ............................................................................

Password #2: ............................................................................

Notes: ............................................................................

Website Name: ............................................................................

Web URL: ............................................................................

Username: ............................................................................

Password #1: ............................................................................

Password #2: ............................................................................

Notes: ............................................................................

# H

Website Name: ..............................................................................

Web URL: ..............................................................................

Username: ..............................................................................

Password #1: ..............................................................................

Password #2: ..............................................................................

Notes: ..............................................................................

Website Name: ..............................................................................

Web URL: ..............................................................................

Username: ..............................................................................

Password #1: ..............................................................................

Password #2: ..............................................................................

Notes: ..............................................................................

Website Name: ..............................................................................

Web URL: ..............................................................................

Username: ..............................................................................

Password #1: ..............................................................................

Password #2: ..............................................................................

Notes: ..............................................................................

Website Name: ..............................................................................

Web URL: ..............................................................................

Username: ..............................................................................

Password #1: ..............................................................................

Password #2: ..............................................................................

Notes: ..............................................................................

# H

Website Name: ..........................................................................

Web URL: ..........................................................................

Username: ..........................................................................

Password #1: ..........................................................................

Password #2: ..........................................................................

Notes: ..........................................................................

Website Name: ..........................................................................

Web URL: ..........................................................................

Username: ..........................................................................

Password #1: ..........................................................................

Password #2: ..........................................................................

Notes: ..........................................................................

Website Name: ..........................................................................

Web URL: ..........................................................................

Username: ..........................................................................

Password #1: ..........................................................................

Password #2: ..........................................................................

Notes: ..........................................................................

Website Name: ..........................................................................

Web URL: ..........................................................................

Username: ..........................................................................

Password #1: ..........................................................................

Password #2: ..........................................................................

Notes: ..........................................................................

# H

Website Name: ............................................................................

Web URL: ..................................................................................

Username: ................................................................................

Password #1: ............................................................................

Password #2: ............................................................................

Notes: .......................................................................................

Website Name: ............................................................................

Web URL: ..................................................................................

Username: ................................................................................

Password #1: ............................................................................

Password #2: ............................................................................

Notes: .......................................................................................

Website Name: ............................................................................

Web URL: ..................................................................................

Username: ................................................................................

Password #1: ............................................................................

Password #2: ............................................................................

Notes: .......................................................................................

Website Name: ............................................................................

Web URL: ..................................................................................

Username: ................................................................................

Password #1: ............................................................................

Password #2: ............................................................................

Notes: .......................................................................................

# H

Website Name: ..................................................................................

Web URL: ..........................................................................................

Username: ........................................................................................

Password #1: ....................................................................................

Password #2: ....................................................................................

Notes: .............................................................................................

Website Name: ..................................................................................

Web URL: ..........................................................................................

Username: ........................................................................................

Password #1: ....................................................................................

Password #2: ....................................................................................

Notes: .............................................................................................

Website Name: ..................................................................................

Web URL: ..........................................................................................

Username: ........................................................................................

Password #1: ....................................................................................

Password #2: ....................................................................................

Notes: .............................................................................................

Website Name: ..................................................................................

Web URL: ..........................................................................................

Username: ........................................................................................

Password #1: ....................................................................................

Password #2: ....................................................................................

Notes: .............................................................................................

Website Name: ..........................................................................................

Web URL: ..........................................................................................

Username: ..........................................................................................

Password #1: ..........................................................................................

Password #2: ..........................................................................................

Notes: ..........................................................................................

Website Name: ..........................................................................................

Web URL: ..........................................................................................

Username: ..........................................................................................

Password #1: ..........................................................................................

Password #2: ..........................................................................................

Notes: ..........................................................................................

Website Name: ..........................................................................................

Web URL: ..........................................................................................

Username: ..........................................................................................

Password #1: ..........................................................................................

Password #2: ..........................................................................................

Notes: ..........................................................................................

Website Name: ..........................................................................................

Web URL: ..........................................................................................

Username: ..........................................................................................

Password #1: ..........................................................................................

Password #2: ..........................................................................................

Notes: ..........................................................................................

# I

Website Name: ..................................................................................

Web URL: ..........................................................................................

Username: ........................................................................................

Password #1: ...................................................................................

Password #2: ...................................................................................

Notes: ..............................................................................................

Website Name: ..................................................................................

Web URL: ..........................................................................................

Username: ........................................................................................

Password #1: ...................................................................................

Password #2: ...................................................................................

Notes: ..............................................................................................

Website Name: ..................................................................................

Web URL: ..........................................................................................

Username: ........................................................................................

Password #1: ...................................................................................

Password #2: ...................................................................................

Notes: ..............................................................................................

Website Name: ..................................................................................

Web URL: ..........................................................................................

Username: ........................................................................................

Password #1: ...................................................................................

Password #2: ...................................................................................

Notes: ..............................................................................................

# I

Website Name: ..........................................................................

Web URL: ..........................................................................

Username: ..........................................................................

Password #1: ..........................................................................

Password #2: ..........................................................................

Notes: ..........................................................................

Website Name: ..........................................................................

Web URL: ..........................................................................

Username: ..........................................................................

Password #1: ..........................................................................

Password #2: ..........................................................................

Notes: ..........................................................................

Website Name: ..........................................................................

Web URL: ..........................................................................

Username: ..........................................................................

Password #1: ..........................................................................

Password #2: ..........................................................................

Notes: ..........................................................................

Website Name: ..........................................................................

Web URL: ..........................................................................

Username: ..........................................................................

Password #1: ..........................................................................

Password #2: ..........................................................................

Notes: ..........................................................................

# I

Website Name: ..............................................................................

Web URL: ..............................................................................

Username: ..............................................................................

Password #1: ..............................................................................

Password #2: ..............................................................................

Notes: ..............................................................................

Website Name: ..............................................................................

Web URL: ..............................................................................

Username: ..............................................................................

Password #1: ..............................................................................

Password #2: ..............................................................................

Notes: ..............................................................................

Website Name: ..............................................................................

Web URL: ..............................................................................

Username: ..............................................................................

Password #1: ..............................................................................

Password #2: ..............................................................................

Notes: ..............................................................................

Website Name: ..............................................................................

Web URL: ..............................................................................

Username: ..............................................................................

Password #1: ..............................................................................

Password #2: ..............................................................................

Notes: ..............................................................................

# J

Website Name: ..........................................................................

Web URL: ..........................................................................

Username: ..........................................................................

Password #1: ..........................................................................

Password #2: ..........................................................................

Notes: ..........................................................................

Website Name: ..........................................................................

Web URL: ..........................................................................

Username: ..........................................................................

Password #1: ..........................................................................

Password #2: ..........................................................................

Notes: ..........................................................................

Website Name: ..........................................................................

Web URL: ..........................................................................

Username: ..........................................................................

Password #1: ..........................................................................

Password #2: ..........................................................................

Notes: ..........................................................................

Website Name: ..........................................................................

Web URL: ..........................................................................

Username: ..........................................................................

Password #1: ..........................................................................

Password #2: ..........................................................................

Notes: ..........................................................................

# J

Website Name: ........................................................................

Web URL: ........................................................................

Username: ........................................................................

Password #1: ........................................................................

Password #2: ........................................................................

Notes: ........................................................................

Website Name: ........................................................................

Web URL: ........................................................................

Username: ........................................................................

Password #1: ........................................................................

Password #2: ........................................................................

Notes: ........................................................................

Website Name: ........................................................................

Web URL: ........................................................................

Username: ........................................................................

Password #1: ........................................................................

Password #2: ........................................................................

Notes: ........................................................................

Website Name: ........................................................................

Web URL: ........................................................................

Username: ........................................................................

Password #1: ........................................................................

Password #2: ........................................................................

Notes: ........................................................................

## J

Website Name: ....................................................................................

Web URL: ..........................................................................................

Username: ........................................................................................

Password #1: ....................................................................................

Password #2: ....................................................................................

Notes: ..............................................................................................

Website Name: ....................................................................................

Web URL: ..........................................................................................

Username: ........................................................................................

Password #1: ....................................................................................

Password #2: ....................................................................................

Notes: ..............................................................................................

Website Name: ....................................................................................

Web URL: ..........................................................................................

Username: ........................................................................................

Password #1: ....................................................................................

Password #2: ....................................................................................

Notes: ..............................................................................................

Website Name: ....................................................................................

Web URL: ..........................................................................................

Username: ........................................................................................

Password #1: ....................................................................................

Password #2: ....................................................................................

Notes: ..............................................................................................

## J

Website Name: ....................................................................................

Web URL: ..........................................................................................

Username: ........................................................................................

Password #1: ....................................................................................

Password #2: ....................................................................................

Notes: ...............................................................................................

Website Name: ....................................................................................

Web URL: ..........................................................................................

Username: ........................................................................................

Password #1: ....................................................................................

Password #2: ....................................................................................

Notes: ...............................................................................................

Website Name: ....................................................................................

Web URL: ..........................................................................................

Username: ........................................................................................

Password #1: ....................................................................................

Password #2: ....................................................................................

Notes: ...............................................................................................

Website Name: ....................................................................................

Web URL: ..........................................................................................

Username: ........................................................................................

Password #1: ....................................................................................

Password #2: ....................................................................................

Notes: ...............................................................................................

# K

Website Name: ..............................................................................

Web URL: ..............................................................................

Username: ..............................................................................

Password #1: ..............................................................................

Password #2: ..............................................................................

Notes: ..............................................................................

Website Name: ..............................................................................

Web URL: ..............................................................................

Username: ..............................................................................

Password #1: ..............................................................................

Password #2: ..............................................................................

Notes: ..............................................................................

Website Name: ..............................................................................

Web URL: ..............................................................................

Username: ..............................................................................

Password #1: ..............................................................................

Password #2: ..............................................................................

Notes: ..............................................................................

Website Name: ..............................................................................

Web URL: ..............................................................................

Username: ..............................................................................

Password #1: ..............................................................................

Password #2: ..............................................................................

Notes: ..............................................................................

# K

Website Name: ..............................................................................

Web URL: ..............................................................................

Username: ..............................................................................

Password #1: ..............................................................................

Password #2: ..............................................................................

Notes: ..............................................................................

Website Name: ..............................................................................

Web URL: ..............................................................................

Username: ..............................................................................

Password #1: ..............................................................................

Password #2: ..............................................................................

Notes: ..............................................................................

Website Name: ..............................................................................

Web URL: ..............................................................................

Username: ..............................................................................

Password #1: ..............................................................................

Password #2: ..............................................................................

Notes: ..............................................................................

Website Name: ..............................................................................

Web URL: ..............................................................................

Username: ..............................................................................

Password #1: ..............................................................................

Password #2: ..............................................................................

Notes: ..............................................................................

# K

Website Name: ..............................................................................

Web URL: ..............................................................................

Username: ..............................................................................

Password #1: ..............................................................................

Password #2: ..............................................................................

Notes: ..............................................................................

Website Name: ..............................................................................

Web URL: ..............................................................................

Username: ..............................................................................

Password #1: ..............................................................................

Password #2: ..............................................................................

Notes: ..............................................................................

Website Name: ..............................................................................

Web URL: ..............................................................................

Username: ..............................................................................

Password #1: ..............................................................................

Password #2: ..............................................................................

Notes: ..............................................................................

Website Name: ..............................................................................

Web URL: ..............................................................................

Username: ..............................................................................

Password #1: ..............................................................................

Password #2: ..............................................................................

Notes: ..............................................................................

# K

Website Name: ............................................................................

Web URL: ..................................................................................

Username: ................................................................................

Password #1: ............................................................................

Password #2: ............................................................................

Notes: ......................................................................................

Website Name: ............................................................................

Web URL: ..................................................................................

Username: ................................................................................

Password #1: ............................................................................

Password #2: ............................................................................

Notes: ......................................................................................

Website Name: ............................................................................

Web URL: ..................................................................................

Username: ................................................................................

Password #1: ............................................................................

Password #2: ............................................................................

Notes: ......................................................................................

Website Name: ............................................................................

Web URL: ..................................................................................

Username: ................................................................................

Password #1: ............................................................................

Password #2: ............................................................................

Notes: ......................................................................................

# L

Website Name: ......................................................................................

Web URL: .............................................................................................

Username: ...........................................................................................

Password #1: ......................................................................................

Password #2: ......................................................................................

Notes: .................................................................................................

Website Name: ......................................................................................

Web URL: .............................................................................................

Username: ...........................................................................................

Password #1: ......................................................................................

Password #2: ......................................................................................

Notes: .................................................................................................

Website Name: ......................................................................................

Web URL: .............................................................................................

Username: ...........................................................................................

Password #1: ......................................................................................

Password #2: ......................................................................................

Notes: .................................................................................................

Website Name: ......................................................................................

Web URL: .............................................................................................

Username: ...........................................................................................

Password #1: ......................................................................................

Password #2: ......................................................................................

Notes: .................................................................................................

# L

Website Name: ..............................................................................

Web URL: ......................................................................................

Username: .....................................................................................

Password #1: ...............................................................................

Password #2: ...............................................................................

Notes: ..........................................................................................

Website Name: ..............................................................................

Web URL: ......................................................................................

Username: .....................................................................................

Password #1: ...............................................................................

Password #2: ...............................................................................

Notes: ..........................................................................................

Website Name: ..............................................................................

Web URL: ......................................................................................

Username: .....................................................................................

Password #1: ...............................................................................

Password #2: ...............................................................................

Notes: ..........................................................................................

Website Name: ..............................................................................

Web URL: ......................................................................................

Username: .....................................................................................

Password #1: ...............................................................................

Password #2: ...............................................................................

Notes: ..........................................................................................

# L

Website Name: ..........................................................................................

Web URL: ..........................................................................................

Username: ..........................................................................................

Password #1: ..........................................................................................

Password #2: ..........................................................................................

Notes: ..........................................................................................

Website Name: ..........................................................................................

Web URL: ..........................................................................................

Username: ..........................................................................................

Password #1: ..........................................................................................

Password #2: ..........................................................................................

Notes: ..........................................................................................

Website Name: ..........................................................................................

Web URL: ..........................................................................................

Username: ..........................................................................................

Password #1: ..........................................................................................

Password #2: ..........................................................................................

Notes: ..........................................................................................

Website Name: ..........................................................................................

Web URL: ..........................................................................................

Username: ..........................................................................................

Password #1: ..........................................................................................

Password #2: ..........................................................................................

Notes: ..........................................................................................

# L

Website Name: ..........................................................................

Web URL: ..........................................................................

Username: ..........................................................................

Password #1: ..........................................................................

Password #2: ..........................................................................

Notes: ..........................................................................

Website Name: ..........................................................................

Web URL: ..........................................................................

Username: ..........................................................................

Password #1: ..........................................................................

Password #2: ..........................................................................

Notes: ..........................................................................

Website Name: ..........................................................................

Web URL: ..........................................................................

Username: ..........................................................................

Password #1: ..........................................................................

Password #2: ..........................................................................

Notes: ..........................................................................

Website Name: ..........................................................................

Web URL: ..........................................................................

Username: ..........................................................................

Password #1: ..........................................................................

Password #2: ..........................................................................

Notes: ..........................................................................

# M

Website Name: ..........................................................................

Web URL: ..........................................................................

Username: ..........................................................................

Password #1: ..........................................................................

Password #2: ..........................................................................

Notes: ..........................................................................

Website Name: ..........................................................................

Web URL: ..........................................................................

Username: ..........................................................................

Password #1: ..........................................................................

Password #2: ..........................................................................

Notes: ..........................................................................

Website Name: ..........................................................................

Web URL: ..........................................................................

Username: ..........................................................................

Password #1: ..........................................................................

Password #2: ..........................................................................

Notes: ..........................................................................

Website Name: ..........................................................................

Web URL: ..........................................................................

Username: ..........................................................................

Password #1: ..........................................................................

Password #2: ..........................................................................

Notes: ..........................................................................

## M

Website Name: ..........................................................................

Web URL: ..........................................................................

Username: ..........................................................................

Password #1: ..........................................................................

Password #2: ..........................................................................

Notes: ..........................................................................

Website Name: ..........................................................................

Web URL: ..........................................................................

Username: ..........................................................................

Password #1: ..........................................................................

Password #2: ..........................................................................

Notes: ..........................................................................

Website Name: ..........................................................................

Web URL: ..........................................................................

Username: ..........................................................................

Password #1: ..........................................................................

Password #2: ..........................................................................

Notes: ..........................................................................

Website Name: ..........................................................................

Web URL: ..........................................................................

Username: ..........................................................................

Password #1: ..........................................................................

Password #2: ..........................................................................

Notes: ..........................................................................

# M

Website Name: ..........................................................................................

Web URL: ..................................................................................................

Username: ................................................................................................

Password #1: ...........................................................................................

Password #2: ...........................................................................................

Notes: ......................................................................................................

Website Name: ..........................................................................................

Web URL: ..................................................................................................

Username: ................................................................................................

Password #1: ...........................................................................................

Password #2: ...........................................................................................

Notes: ......................................................................................................

Website Name: ..........................................................................................

Web URL: ..................................................................................................

Username: ................................................................................................

Password #1: ...........................................................................................

Password #2: ...........................................................................................

Notes: ......................................................................................................

Website Name: ..........................................................................................

Web URL: ..................................................................................................

Username: ................................................................................................

Password #1: ...........................................................................................

Password #2: ...........................................................................................

Notes: ......................................................................................................

# M

Website Name: ..........................................................................................

Web URL: ..........................................................................................

Username: ..........................................................................................

Password #1: ..........................................................................................

Password #2: ..........................................................................................

Notes: ..........................................................................................

Website Name: ..........................................................................................

Web URL: ..........................................................................................

Username: ..........................................................................................

Password #1: ..........................................................................................

Password #2: ..........................................................................................

Notes: ..........................................................................................

Website Name: ..........................................................................................

Web URL: ..........................................................................................

Username: ..........................................................................................

Password #1: ..........................................................................................

Password #2: ..........................................................................................

Notes: ..........................................................................................

Website Name: ..........................................................................................

Web URL: ..........................................................................................

Username: ..........................................................................................

Password #1: ..........................................................................................

Password #2: ..........................................................................................

Notes: ..........................................................................................

# N

Website Name: ..........................................................................

Web URL: ..........................................................................

Username: ..........................................................................

Password #1: ..........................................................................

Password #2: ..........................................................................

Notes: ..........................................................................

Website Name: ..........................................................................

Web URL: ..........................................................................

Username: ..........................................................................

Password #1: ..........................................................................

Password #2: ..........................................................................

Notes: ..........................................................................

Website Name: ..........................................................................

Web URL: ..........................................................................

Username: ..........................................................................

Password #1: ..........................................................................

Password #2: ..........................................................................

Notes: ..........................................................................

Website Name: ..........................................................................

Web URL: ..........................................................................

Username: ..........................................................................

Password #1: ..........................................................................

Password #2: ..........................................................................

Notes: ..........................................................................

# N

Website Name: ..................................................................................

Web URL: ..........................................................................................

Username: .......................................................................................

Password #1: ...................................................................................

Password #2: ...................................................................................

Notes: ...............................................................................................

Website Name: ..................................................................................

Web URL: ..........................................................................................

Username: .......................................................................................

Password #1: ...................................................................................

Password #2: ...................................................................................

Notes: ...............................................................................................

Website Name: ..................................................................................

Web URL: ..........................................................................................

Username: .......................................................................................

Password #1: ...................................................................................

Password #2: ...................................................................................

Notes: ...............................................................................................

Website Name: ..................................................................................

Web URL: ..........................................................................................

Username: .......................................................................................

Password #1: ...................................................................................

Password #2: ...................................................................................

Notes: ...............................................................................................

# N

Website Name: ....................................................................................

Web URL: ..............................................................................................

Username: ...........................................................................................

Password #1: .....................................................................................

Password #2: .....................................................................................

Notes: ..................................................................................................

Website Name: ....................................................................................

Web URL: ..............................................................................................

Username: ...........................................................................................

Password #1: .....................................................................................

Password #2: .....................................................................................

Notes: ..................................................................................................

Website Name: ....................................................................................

Web URL: ..............................................................................................

Username: ...........................................................................................

Password #1: .....................................................................................

Password #2: .....................................................................................

Notes: ..................................................................................................

Website Name: ....................................................................................

Web URL: ..............................................................................................

Username: ...........................................................................................

Password #1: .....................................................................................

Password #2: .....................................................................................

Notes: ..................................................................................................

# N

Website Name: ..............................................................................

Web URL: ..............................................................................

Username: ..............................................................................

Password #1: ..............................................................................

Password #2: ..............................................................................

Notes: ..............................................................................

Website Name: ..............................................................................

Web URL: ..............................................................................

Username: ..............................................................................

Password #1: ..............................................................................

Password #2: ..............................................................................

Notes: ..............................................................................

Website Name: ..............................................................................

Web URL: ..............................................................................

Username: ..............................................................................

Password #1: ..............................................................................

Password #2: ..............................................................................

Notes: ..............................................................................

Website Name: ..............................................................................

Web URL: ..............................................................................

Username: ..............................................................................

Password #1: ..............................................................................

Password #2: ..............................................................................

Notes: ..............................................................................

# O

Website Name: ...............................................................................

Web URL: ...............................................................................

Username: ...............................................................................

Password #1: ...............................................................................

Password #2: ...............................................................................

Notes: ...............................................................................

Website Name: ...............................................................................

Web URL: ...............................................................................

Username: ...............................................................................

Password #1: ...............................................................................

Password #2: ...............................................................................

Notes: ...............................................................................

Website Name: ...............................................................................

Web URL: ...............................................................................

Username: ...............................................................................

Password #1: ...............................................................................

Password #2: ...............................................................................

Notes: ...............................................................................

Website Name: ...............................................................................

Web URL: ...............................................................................

Username: ...............................................................................

Password #1: ...............................................................................

Password #2: ...............................................................................

Notes: ...............................................................................

# O

Website Name: ..........................................................................

Web URL: ..........................................................................

Username: ..........................................................................

Password #1: ..........................................................................

Password #2: ..........................................................................

Notes: ..........................................................................

Website Name: ..........................................................................

Web URL: ..........................................................................

Username: ..........................................................................

Password #1: ..........................................................................

Password #2: ..........................................................................

Notes: ..........................................................................

Website Name: ..........................................................................

Web URL: ..........................................................................

Username: ..........................................................................

Password #1: ..........................................................................

Password #2: ..........................................................................

Notes: ..........................................................................

Website Name: ..........................................................................

Web URL: ..........................................................................

Username: ..........................................................................

Password #1: ..........................................................................

Password #2: ..........................................................................

Notes: ..........................................................................

# O

Website Name: ................................................................................

Web URL: ................................................................................

Username: ................................................................................

Password #1: ................................................................................

Password #2: ................................................................................

Notes: ................................................................................

Website Name: ................................................................................

Web URL: ................................................................................

Username: ................................................................................

Password #1: ................................................................................

Password #2: ................................................................................

Notes: ................................................................................

Website Name: ................................................................................

Web URL: ................................................................................

Username: ................................................................................

Password #1: ................................................................................

Password #2: ................................................................................

Notes: ................................................................................

Website Name: ................................................................................

Web URL: ................................................................................

Username: ................................................................................

Password #1: ................................................................................

Password #2: ................................................................................

Notes: ................................................................................

# O

Website Name: ..........................................................................

Web URL: ..........................................................................

Username: ..........................................................................

Password #1: ..........................................................................

Password #2: ..........................................................................

Notes: ..........................................................................

Website Name: ..........................................................................

Web URL: ..........................................................................

Username: ..........................................................................

Password #1: ..........................................................................

Password #2: ..........................................................................

Notes: ..........................................................................

Website Name: ..........................................................................

Web URL: ..........................................................................

Username: ..........................................................................

Password #1: ..........................................................................

Password #2: ..........................................................................

Notes: ..........................................................................

Website Name: ..........................................................................

Web URL: ..........................................................................

Username: ..........................................................................

Password #1: ..........................................................................

Password #2: ..........................................................................

Notes: ..........................................................................

# P

Website Name: ..................................................................................

Web URL: ..........................................................................................

Username: ........................................................................................

Password #1: ...................................................................................

Password #2: ...................................................................................

Notes: ..............................................................................................

Website Name: ..................................................................................

Web URL: ..........................................................................................

Username: ........................................................................................

Password #1: ...................................................................................

Password #2: ...................................................................................

Notes: ..............................................................................................

Website Name: ..................................................................................

Web URL: ..........................................................................................

Username: ........................................................................................

Password #1: ...................................................................................

Password #2: ...................................................................................

Notes: ..............................................................................................

Website Name: ..................................................................................

Web URL: ..........................................................................................

Username: ........................................................................................

Password #1: ...................................................................................

Password #2: ...................................................................................

Notes: ..............................................................................................

# P

Website Name: ....................................................................................

Web URL: ....................................................................................

Username: ....................................................................................

Password #1: ....................................................................................

Password #2: ....................................................................................

Notes: ....................................................................................

Website Name: ....................................................................................

Web URL: ....................................................................................

Username: ....................................................................................

Password #1: ....................................................................................

Password #2: ....................................................................................

Notes: ....................................................................................

Website Name: ....................................................................................

Web URL: ....................................................................................

Username: ....................................................................................

Password #1: ....................................................................................

Password #2: ....................................................................................

Notes: ....................................................................................

Website Name: ....................................................................................

Web URL: ....................................................................................

Username: ....................................................................................

Password #1: ....................................................................................

Password #2: ....................................................................................

Notes: ....................................................................................

# P

Website Name: ..................................................................................

Web URL: ..........................................................................................

Username: ........................................................................................

Password #1: ...................................................................................

Password #2: ...................................................................................

Notes: ...............................................................................................

Website Name: ..................................................................................

Web URL: ..........................................................................................

Username: ........................................................................................

Password #1: ...................................................................................

Password #2: ...................................................................................

Notes: ...............................................................................................

Website Name: ..................................................................................

Web URL: ..........................................................................................

Username: ........................................................................................

Password #1: ...................................................................................

Password #2: ...................................................................................

Notes: ...............................................................................................

Website Name: ..................................................................................

Web URL: ..........................................................................................

Username: ........................................................................................

Password #1: ...................................................................................

Password #2: ...................................................................................

Notes: ...............................................................................................

# P

Website Name: ....................................................................................

Web URL: ..........................................................................................

Username: .........................................................................................

Password #1: .....................................................................................

Password #2: .....................................................................................

Notes: ..............................................................................................

Website Name: ....................................................................................

Web URL: ..........................................................................................

Username: .........................................................................................

Password #1: .....................................................................................

Password #2: .....................................................................................

Notes: ..............................................................................................

Website Name: ....................................................................................

Web URL: ..........................................................................................

Username: .........................................................................................

Password #1: .....................................................................................

Password #2: .....................................................................................

Notes: ..............................................................................................

Website Name: ....................................................................................

Web URL: ..........................................................................................

Username: .........................................................................................

Password #1: .....................................................................................

Password #2: .....................................................................................

Notes: ..............................................................................................

Website Name: ..............................................................................

Web URL: ..............................................................................

Username: ..............................................................................

Password #1: ..............................................................................

Password #2: ..............................................................................

Notes: ..............................................................................

Website Name: ..............................................................................

Web URL: ..............................................................................

Username: ..............................................................................

Password #1: ..............................................................................

Password #2: ..............................................................................

Notes: ..............................................................................

Website Name: ..............................................................................

Web URL: ..............................................................................

Username: ..............................................................................

Password #1: ..............................................................................

Password #2: ..............................................................................

Notes: ..............................................................................

Website Name: ..............................................................................

Web URL: ..............................................................................

Username: ..............................................................................

Password #1: ..............................................................................

Password #2: ..............................................................................

Notes: ..............................................................................

# Q

Website Name: ..................................................................................

Web URL: ........................................................................................

Username: .......................................................................................

Password #1: ...................................................................................

Password #2: ...................................................................................

Notes: ............................................................................................

Website Name: ..................................................................................

Web URL: ........................................................................................

Username: .......................................................................................

Password #1: ...................................................................................

Password #2: ...................................................................................

Notes: ............................................................................................

Website Name: ..................................................................................

Web URL: ........................................................................................

Username: .......................................................................................

Password #1: ...................................................................................

Password #2: ...................................................................................

Notes: ............................................................................................

Website Name: ..................................................................................

Web URL: ........................................................................................

Username: .......................................................................................

Password #1: ...................................................................................

Password #2: ...................................................................................

Notes: ............................................................................................

Website Name: ....................................................................................

Web URL: ..........................................................................................

Username: ........................................................................................

Password #1: ....................................................................................

Password #2: ....................................................................................

Notes: ..............................................................................................

Website Name: ....................................................................................

Web URL: ..........................................................................................

Username: ........................................................................................

Password #1: ....................................................................................

Password #2: ....................................................................................

Notes: ..............................................................................................

Website Name: ....................................................................................

Web URL: ..........................................................................................

Username: ........................................................................................

Password #1: ....................................................................................

Password #2: ....................................................................................

Notes: ..............................................................................................

Website Name: ....................................................................................

Web URL: ..........................................................................................

Username: ........................................................................................

Password #1: ....................................................................................

Password #2: ....................................................................................

Notes: ..............................................................................................

# Q

Website Name: ..............................................................................

Web URL: ..............................................................................

Username: ..............................................................................

Password #1: ..............................................................................

Password #2: ..............................................................................

Notes: ..............................................................................

Website Name: ..............................................................................

Web URL: ..............................................................................

Username: ..............................................................................

Password #1: ..............................................................................

Password #2: ..............................................................................

Notes: ..............................................................................

Website Name: ..............................................................................

Web URL: ..............................................................................

Username: ..............................................................................

Password #1: ..............................................................................

Password #2: ..............................................................................

Notes: ..............................................................................

Website Name: ..............................................................................

Web URL: ..............................................................................

Username: ..............................................................................

Password #1: ..............................................................................

Password #2: ..............................................................................

Notes: ..............................................................................

## R

Website Name: ........................................................................................

Web URL: ..............................................................................................

Username: ............................................................................................

Password #1: .......................................................................................

Password #2: .......................................................................................

Notes: ...................................................................................................

Website Name: ........................................................................................

Web URL: ..............................................................................................

Username: ............................................................................................

Password #1: .......................................................................................

Password #2: .......................................................................................

Notes: ...................................................................................................

Website Name: ........................................................................................

Web URL: ..............................................................................................

Username: ............................................................................................

Password #1: .......................................................................................

Password #2: .......................................................................................

Notes: ...................................................................................................

Website Name: ........................................................................................

Web URL: ..............................................................................................

Username: ............................................................................................

Password #1: .......................................................................................

Password #2: .......................................................................................

Notes: ...................................................................................................

# R

Website Name: ..................................................................................

Web URL: ..........................................................................................

Username: .......................................................................................

Password #1: ...................................................................................

Password #2: ...................................................................................

Notes: ..............................................................................................

Website Name: ..................................................................................

Web URL: ..........................................................................................

Username: .......................................................................................

Password #1: ...................................................................................

Password #2: ...................................................................................

Notes: ..............................................................................................

Website Name: ..................................................................................

Web URL: ..........................................................................................

Username: .......................................................................................

Password #1: ...................................................................................

Password #2: ...................................................................................

Notes: ..............................................................................................

Website Name: ..................................................................................

Web URL: ..........................................................................................

Username: .......................................................................................

Password #1: ...................................................................................

Password #2: ...................................................................................

Notes: ..............................................................................................

# R

Website Name: ........................................................................................

Web URL: ........................................................................................

Username: ........................................................................................

Password #1: ........................................................................................

Password #2: ........................................................................................

Notes: ........................................................................................

Website Name: ........................................................................................

Web URL: ........................................................................................

Username: ........................................................................................

Password #1: ........................................................................................

Password #2: ........................................................................................

Notes: ........................................................................................

Website Name: ........................................................................................

Web URL: ........................................................................................

Username: ........................................................................................

Password #1: ........................................................................................

Password #2: ........................................................................................

Notes: ........................................................................................

Website Name: ........................................................................................

Web URL: ........................................................................................

Username: ........................................................................................

Password #1: ........................................................................................

Password #2: ........................................................................................

Notes: ........................................................................................

# R

Website Name: ..........................................................................

Web URL: ..........................................................................

Username: ..........................................................................

Password #1: ..........................................................................

Password #2: ..........................................................................

Notes: ..........................................................................

Website Name: ..........................................................................

Web URL: ..........................................................................

Username: ..........................................................................

Password #1: ..........................................................................

Password #2: ..........................................................................

Notes: ..........................................................................

Website Name: ..........................................................................

Web URL: ..........................................................................

Username: ..........................................................................

Password #1: ..........................................................................

Password #2: ..........................................................................

Notes: ..........................................................................

Website Name: ..........................................................................

Web URL: ..........................................................................

Username: ..........................................................................

Password #1: ..........................................................................

Password #2: ..........................................................................

Notes: ..........................................................................

# S

Website Name: ..............................................................................

Web URL: ..............................................................................

Username: ..............................................................................

Password #1: ..............................................................................

Password #2: ..............................................................................

Notes: ..............................................................................

Website Name: ..............................................................................

Web URL: ..............................................................................

Username: ..............................................................................

Password #1: ..............................................................................

Password #2: ..............................................................................

Notes: ..............................................................................

Website Name: ..............................................................................

Web URL: ..............................................................................

Username: ..............................................................................

Password #1: ..............................................................................

Password #2: ..............................................................................

Notes: ..............................................................................

Website Name: ..............................................................................

Web URL: ..............................................................................

Username: ..............................................................................

Password #1: ..............................................................................

Password #2: ..............................................................................

Notes: ..............................................................................

# S

Website Name: ................................................................................

Web URL: ................................................................................

Username: ................................................................................

Password #1: ................................................................................

Password #2: ................................................................................

Notes: ................................................................................

Website Name: ................................................................................

Web URL: ................................................................................

Username: ................................................................................

Password #1: ................................................................................

Password #2: ................................................................................

Notes: ................................................................................

Website Name: ................................................................................

Web URL: ................................................................................

Username: ................................................................................

Password #1: ................................................................................

Password #2: ................................................................................

Notes: ................................................................................

Website Name: ................................................................................

Web URL: ................................................................................

Username: ................................................................................

Password #1: ................................................................................

Password #2: ................................................................................

Notes: ................................................................................

# S

Website Name: ......................................................................................

Web URL: ...........................................................................................

Username: ..........................................................................................

Password #1: .....................................................................................

Password #2: .....................................................................................

Notes: ..................................................................................................

Website Name: ......................................................................................

Web URL: ...........................................................................................

Username: ..........................................................................................

Password #1: .....................................................................................

Password #2: .....................................................................................

Notes: ..................................................................................................

Website Name: ......................................................................................

Web URL: ...........................................................................................

Username: ..........................................................................................

Password #1: .....................................................................................

Password #2: .....................................................................................

Notes: ..................................................................................................

Website Name: ......................................................................................

Web URL: ...........................................................................................

Username: ..........................................................................................

Password #1: .....................................................................................

Password #2: .....................................................................................

Notes: ..................................................................................................

# S

Website Name: ..........................................................................................

Web URL: ..........................................................................................

Username: ..........................................................................................

Password #1: ..........................................................................................

Password #2: ..........................................................................................

Notes: ..........................................................................................

Website Name: ..........................................................................................

Web URL: ..........................................................................................

Username: ..........................................................................................

Password #1: ..........................................................................................

Password #2: ..........................................................................................

Notes: ..........................................................................................

Website Name: ..........................................................................................

Web URL: ..........................................................................................

Username: ..........................................................................................

Password #1: ..........................................................................................

Password #2: ..........................................................................................

Notes: ..........................................................................................

Website Name: ..........................................................................................

Web URL: ..........................................................................................

Username: ..........................................................................................

Password #1: ..........................................................................................

Password #2: ..........................................................................................

Notes: ..........................................................................................

# T

Website Name: ............................................................................

Web URL: ......................................................................................

Username: ....................................................................................

Password #1: ...............................................................................

Password #2: ...............................................................................

Notes: .........................................................................................

Website Name: ............................................................................

Web URL: ......................................................................................

Username: ....................................................................................

Password #1: ...............................................................................

Password #2: ...............................................................................

Notes: .........................................................................................

Website Name: ............................................................................

Web URL: ......................................................................................

Username: ....................................................................................

Password #1: ...............................................................................

Password #2: ...............................................................................

Notes: .........................................................................................

Website Name: ............................................................................

Web URL: ......................................................................................

Username: ....................................................................................

Password #1: ...............................................................................

Password #2: ...............................................................................

Notes: .........................................................................................

# T

Website Name: ..........................................................................................

Web URL: ..........................................................................................

Username: ..........................................................................................

Password #1: ..........................................................................................

Password #2: ..........................................................................................

Notes: ..........................................................................................

Website Name: ..........................................................................................

Web URL: ..........................................................................................

Username: ..........................................................................................

Password #1: ..........................................................................................

Password #2: ..........................................................................................

Notes: ..........................................................................................

Website Name: ..........................................................................................

Web URL: ..........................................................................................

Username: ..........................................................................................

Password #1: ..........................................................................................

Password #2: ..........................................................................................

Notes: ..........................................................................................

Website Name: ..........................................................................................

Web URL: ..........................................................................................

Username: ..........................................................................................

Password #1: ..........................................................................................

Password #2: ..........................................................................................

Notes: ..........................................................................................

# T

Website Name: ..........................................................................

Web URL: ..........................................................................

Username: ..........................................................................

Password #1: ..........................................................................

Password #2: ..........................................................................

Notes: ..........................................................................

Website Name: ..........................................................................

Web URL: ..........................................................................

Username: ..........................................................................

Password #1: ..........................................................................

Password #2: ..........................................................................

Notes: ..........................................................................

Website Name: ..........................................................................

Web URL: ..........................................................................

Username: ..........................................................................

Password #1: ..........................................................................

Password #2: ..........................................................................

Notes: ..........................................................................

Website Name: ..........................................................................

Web URL: ..........................................................................

Username: ..........................................................................

Password #1: ..........................................................................

Password #2: ..........................................................................

Notes: ..........................................................................

# T

Website Name: ......................................................................................

Web URL: ..............................................................................................

Username: ............................................................................................

Password #1: .........................................................................................

Password #2: .........................................................................................

Notes: ..................................................................................................

Website Name: ......................................................................................

Web URL: ..............................................................................................

Username: ............................................................................................

Password #1: .........................................................................................

Password #2: .........................................................................................

Notes: ..................................................................................................

Website Name: ......................................................................................

Web URL: ..............................................................................................

Username: ............................................................................................

Password #1: .........................................................................................

Password #2: .........................................................................................

Notes: ..................................................................................................

Website Name: ......................................................................................

Web URL: ..............................................................................................

Username: ............................................................................................

Password #1: .........................................................................................

Password #2: .........................................................................................

Notes: ..................................................................................................

# U

Website Name: ............................................................................

Web URL: ............................................................................

Username: ............................................................................

Password #1: ............................................................................

Password #2: ............................................................................

Notes: ............................................................................

Website Name: ............................................................................

Web URL: ............................................................................

Username: ............................................................................

Password #1: ............................................................................

Password #2: ............................................................................

Notes: ............................................................................

Website Name: ............................................................................

Web URL: ............................................................................

Username: ............................................................................

Password #1: ............................................................................

Password #2: ............................................................................

Notes: ............................................................................

Website Name: ............................................................................

Web URL: ............................................................................

Username: ............................................................................

Password #1: ............................................................................

Password #2: ............................................................................

Notes: ............................................................................

# U

Website Name: ..................................................................................

Web URL: ..........................................................................................

Username: ........................................................................................

Password #1: ....................................................................................

Password #2: ....................................................................................

Notes: ..............................................................................................

Website Name: ..................................................................................

Web URL: ..........................................................................................

Username: ........................................................................................

Password #1: ....................................................................................

Password #2: ....................................................................................

Notes: ..............................................................................................

Website Name: ..................................................................................

Web URL: ..........................................................................................

Username: ........................................................................................

Password #1: ....................................................................................

Password #2: ....................................................................................

Notes: ..............................................................................................

Website Name: ..................................................................................

Web URL: ..........................................................................................

Username: ........................................................................................

Password #1: ....................................................................................

Password #2: ....................................................................................

Notes: ..............................................................................................

# U

Website Name: ..........................................................................................

Web URL: ..........................................................................................

Username: ..........................................................................................

Password #1: ..........................................................................................

Password #2: ..........................................................................................

Notes: ..........................................................................................

Website Name: ..........................................................................................

Web URL: ..........................................................................................

Username: ..........................................................................................

Password #1: ..........................................................................................

Password #2: ..........................................................................................

Notes: ..........................................................................................

Website Name: ..........................................................................................

Web URL: ..........................................................................................

Username: ..........................................................................................

Password #1: ..........................................................................................

Password #2: ..........................................................................................

Notes: ..........................................................................................

Website Name: ..........................................................................................

Web URL: ..........................................................................................

Username: ..........................................................................................

Password #1: ..........................................................................................

Password #2: ..........................................................................................

Notes: ..........................................................................................

# U

Website Name: ..........................................................................

Web URL: ..........................................................................

Username: ..........................................................................

Password #1: ..........................................................................

Password #2: ..........................................................................

Notes: ..........................................................................

Website Name: ..........................................................................

Web URL: ..........................................................................

Username: ..........................................................................

Password #1: ..........................................................................

Password #2: ..........................................................................

Notes: ..........................................................................

Website Name: ..........................................................................

Web URL: ..........................................................................

Username: ..........................................................................

Password #1: ..........................................................................

Password #2: ..........................................................................

Notes: ..........................................................................

Website Name: ..........................................................................

Web URL: ..........................................................................

Username: ..........................................................................

Password #1: ..........................................................................

Password #2: ..........................................................................

Notes: ..........................................................................

# V

Website Name: ..................................................................................

Web URL: ..........................................................................................

Username: ........................................................................................

Password #1: ...................................................................................

Password #2: ...................................................................................

Notes: ..............................................................................................

Website Name: ..................................................................................

Web URL: ..........................................................................................

Username: ........................................................................................

Password #1: ...................................................................................

Password #2: ...................................................................................

Notes: ..............................................................................................

Website Name: ..................................................................................

Web URL: ..........................................................................................

Username: ........................................................................................

Password #1: ...................................................................................

Password #2: ...................................................................................

Notes: ..............................................................................................

Website Name: ..................................................................................

Web URL: ..........................................................................................

Username: ........................................................................................

Password #1: ...................................................................................

Password #2: ...................................................................................

Notes: ..............................................................................................

# V

Website Name: ..................................................................................
Web URL: ............................................................................................
Username: ..........................................................................................
Password #1: ......................................................................................
Password #2: ......................................................................................
Notes: ................................................................................................

Website Name: ..................................................................................
Web URL: ............................................................................................
Username: ..........................................................................................
Password #1: ......................................................................................
Password #2: ......................................................................................
Notes: ................................................................................................

Website Name: ..................................................................................
Web URL: ............................................................................................
Username: ..........................................................................................
Password #1: ......................................................................................
Password #2: ......................................................................................
Notes: ................................................................................................

Website Name: ..................................................................................
Web URL: ............................................................................................
Username: ..........................................................................................
Password #1: ......................................................................................
Password #2: ......................................................................................
Notes: ................................................................................................

# V

Website Name: ..................................................................................

Web URL: ..........................................................................................

Username: .........................................................................................

Password #1: ....................................................................................

Password #2: ....................................................................................

Notes: ................................................................................................

Website Name: ..................................................................................

Web URL: ..........................................................................................

Username: .........................................................................................

Password #1: ....................................................................................

Password #2: ....................................................................................

Notes: ................................................................................................

Website Name: ..................................................................................

Web URL: ..........................................................................................

Username: .........................................................................................

Password #1: ....................................................................................

Password #2: ....................................................................................

Notes: ................................................................................................

Website Name: ..................................................................................

Web URL: ..........................................................................................

Username: .........................................................................................

Password #1: ....................................................................................

Password #2: ....................................................................................

Notes: ................................................................................................

# V

Website Name: ..........................................................................

Web URL: ..........................................................................

Username: ..........................................................................

Password #1: ..........................................................................

Password #2: ..........................................................................

Notes: ..........................................................................

Website Name: ..........................................................................

Web URL: ..........................................................................

Username: ..........................................................................

Password #1: ..........................................................................

Password #2: ..........................................................................

Notes: ..........................................................................

Website Name: ..........................................................................

Web URL: ..........................................................................

Username: ..........................................................................

Password #1: ..........................................................................

Password #2: ..........................................................................

Notes: ..........................................................................

Website Name: ..........................................................................

Web URL: ..........................................................................

Username: ..........................................................................

Password #1: ..........................................................................

Password #2: ..........................................................................

Notes: ..........................................................................

Website Name: ....................................................................................

Web URL: ..............................................................................................

Username: ...........................................................................................

Password #1: .......................................................................................

Password #2: .......................................................................................

Notes: ..................................................................................................

Website Name: ....................................................................................

Web URL: ..............................................................................................

Username: ...........................................................................................

Password #1: .......................................................................................

Password #2: .......................................................................................

Notes: ..................................................................................................

Website Name: ....................................................................................

Web URL: ..............................................................................................

Username: ...........................................................................................

Password #1: .......................................................................................

Password #2: .......................................................................................

Notes: ..................................................................................................

Website Name: ....................................................................................

Web URL: ..............................................................................................

Username: ...........................................................................................

Password #1: .......................................................................................

Password #2: .......................................................................................

Notes: ..................................................................................................

Website Name: ..............................................................................

Web URL: ..............................................................................

Username: ..............................................................................

Password #1: ..............................................................................

Password #2: ..............................................................................

Notes: ..............................................................................

Website Name: ..............................................................................

Web URL: ..............................................................................

Username: ..............................................................................

Password #1: ..............................................................................

Password #2: ..............................................................................

Notes: ..............................................................................

Website Name: ..............................................................................

Web URL: ..............................................................................

Username: ..............................................................................

Password #1: ..............................................................................

Password #2: ..............................................................................

Notes: ..............................................................................

Website Name: ..............................................................................

Web URL: ..............................................................................

Username: ..............................................................................

Password #1: ..............................................................................

Password #2: ..............................................................................

Notes: ..............................................................................

# W

Website Name: ..........................................................................

Web URL: ..........................................................................

Username: ..........................................................................

Password #1: ..........................................................................

Password #2: ..........................................................................

Notes: ..........................................................................

Website Name: ..........................................................................

Web URL: ..........................................................................

Username: ..........................................................................

Password #1: ..........................................................................

Password #2: ..........................................................................

Notes: ..........................................................................

Website Name: ..........................................................................

Web URL: ..........................................................................

Username: ..........................................................................

Password #1: ..........................................................................

Password #2: ..........................................................................

Notes: ..........................................................................

Website Name: ..........................................................................

Web URL: ..........................................................................

Username: ..........................................................................

Password #1: ..........................................................................

Password #2: ..........................................................................

Notes: ..........................................................................

# W

Website Name: ......................................................................

Web URL: ......................................................................

Username: ......................................................................

Password #1: ......................................................................

Password #2: ......................................................................

Notes: ......................................................................

Website Name: ......................................................................

Web URL: ......................................................................

Username: ......................................................................

Password #1: ......................................................................

Password #2: ......................................................................

Notes: ......................................................................

Website Name: ......................................................................

Web URL: ......................................................................

Username: ......................................................................

Password #1: ......................................................................

Password #2: ......................................................................

Notes: ......................................................................

Website Name: ......................................................................

Web URL: ......................................................................

Username: ......................................................................

Password #1: ......................................................................

Password #2: ......................................................................

Notes: ......................................................................

## X

Website Name: ..................................................................................

Web URL: ..........................................................................................

Username: ........................................................................................

Password #1: ...................................................................................

Password #2: ...................................................................................

Notes: ...............................................................................................

Website Name: ..................................................................................

Web URL: ..........................................................................................

Username: ........................................................................................

Password #1: ...................................................................................

Password #2: ...................................................................................

Notes: ...............................................................................................

Website Name: ..................................................................................

Web URL: ..........................................................................................

Username: ........................................................................................

Password #1: ...................................................................................

Password #2: ...................................................................................

Notes: ...............................................................................................

Website Name: ..................................................................................

Web URL: ..........................................................................................

Username: ........................................................................................

Password #1: ...................................................................................

Password #2: ...................................................................................

Notes: ...............................................................................................

Website Name: ......................................................................................

Web URL: ..............................................................................................

Username: ...........................................................................................

Password #1: ......................................................................................

Password #2: ......................................................................................

Notes: ..................................................................................................

Website Name: ......................................................................................

Web URL: ..............................................................................................

Username: ...........................................................................................

Password #1: ......................................................................................

Password #2: ......................................................................................

Notes: ..................................................................................................

Website Name: ......................................................................................

Web URL: ..............................................................................................

Username: ...........................................................................................

Password #1: ......................................................................................

Password #2: ......................................................................................

Notes: ..................................................................................................

Website Name: ......................................................................................

Web URL: ..............................................................................................

Username: ...........................................................................................

Password #1: ......................................................................................

Password #2: ......................................................................................

Notes: ..................................................................................................

# Y

Website Name: ..........................................................................

Web URL: ..........................................................................

Username: ..........................................................................

Password #1: ..........................................................................

Password #2: ..........................................................................

Notes: ..........................................................................

Website Name: ..........................................................................

Web URL: ..........................................................................

Username: ..........................................................................

Password #1: ..........................................................................

Password #2: ..........................................................................

Notes: ..........................................................................

Website Name: ..........................................................................

Web URL: ..........................................................................

Username: ..........................................................................

Password #1: ..........................................................................

Password #2: ..........................................................................

Notes: ..........................................................................

Website Name: ..........................................................................

Web URL: ..........................................................................

Username: ..........................................................................

Password #1: ..........................................................................

Password #2: ..........................................................................

Notes: ..........................................................................

# Y

Website Name: ..........................................................................

Web URL: ..........................................................................

Username: ..........................................................................

Password #1: ..........................................................................

Password #2: ..........................................................................

Notes: ..........................................................................

Website Name: ..........................................................................

Web URL: ..........................................................................

Username: ..........................................................................

Password #1: ..........................................................................

Password #2: ..........................................................................

Notes: ..........................................................................

Website Name: ..........................................................................

Web URL: ..........................................................................

Username: ..........................................................................

Password #1: ..........................................................................

Password #2: ..........................................................................

Notes: ..........................................................................

Website Name: ..........................................................................

Web URL: ..........................................................................

Username: ..........................................................................

Password #1: ..........................................................................

Password #2: ..........................................................................

Notes: ..........................................................................

# Z

Website Name: ................................................................................

Web URL: ................................................................................

Username: ................................................................................

Password #1: ................................................................................

Password #2: ................................................................................

Notes: ................................................................................

Website Name: ................................................................................

Web URL: ................................................................................

Username: ................................................................................

Password #1: ................................................................................

Password #2: ................................................................................

Notes: ................................................................................

Website Name: ................................................................................

Web URL: ................................................................................

Username: ................................................................................

Password #1: ................................................................................

Password #2: ................................................................................

Notes: ................................................................................

Website Name: ................................................................................

Web URL: ................................................................................

Username: ................................................................................

Password #1: ................................................................................

Password #2: ................................................................................

Notes: ................................................................................

# Z

Website Name: ..........................................................................................

Web URL: ..........................................................................................

Username: ..........................................................................................

Password #1: ..........................................................................................

Password #2: ..........................................................................................

Notes: ..........................................................................................

Website Name: ..........................................................................................

Web URL: ..........................................................................................

Username: ..........................................................................................

Password #1: ..........................................................................................

Password #2: ..........................................................................................

Notes: ..........................................................................................

Website Name: ..........................................................................................

Web URL: ..........................................................................................

Username: ..........................................................................................

Password #1: ..........................................................................................

Password #2: ..........................................................................................

Notes: ..........................................................................................

Website Name: ..........................................................................................

Web URL: ..........................................................................................

Username: ..........................................................................................

Password #1: ..........................................................................................

Password #2: ..........................................................................................

Notes: ..........................................................................................

## Account / Subscription Renewal Dates

January

February

March

April

May

June

July

August

September

October

November

December

## INTERNET SERVICE PROVIDER (ISP)

Name: ..........................................................................................

Website Login: ...............................................................................

Website Password: ..........................................................................

Tech Support Tel: ............................................................................

Tech Support Email: .........................................................................

Customer Service Tel: .......................................................................

Customer Service Email: ...................................................................

Broadband ID: ................................................................................

Broadband Password: .......................................................................

Notes: ..........................................................................................

.......................................................................................................

## WIRELESS ROUTER SETTINGS

Model: ..........................................................................................

Wireless Network Name (SSID): ......................................................

Wireless Network Key: ....................................................................

Administration URL: .......................................................................

IP Address: ...................................................................................

Administration Username: ..............................................................

Administration Password: ...............................................................

Administration Password: ...............................................................

Administration Password: ...............................................................

Notes: ..........................................................................................

.......................................................................................................

## EMAIL SETTINGS

Email Address: ……………………………………………………………………..

## INCOMING SERVER

IMAP / POP

Host: ……………………..……….. Port ……………………………….

Security: None / SSL / TLS

## OUTGOING SERVER (SMTP)

Host: ……………………………… Port ………………………………..

Security: None / SSL / TLS

Username: …………………………………………………………………….

Password: …………………………………………………………………….

Notes: …………………………………………………………………………

## EMAIL SETTINGS

Email Address: ……………………………………………………………….

## INCOMING SERVER

IMAP / POP

Host:……………………………… Port ………………………………..

Security: None / SSL / TLS

## OUTGOING SERVER (SMTP)

Host: ……………………………… Port ………………………………..

Security: None / SSL / TLS

Username: …………………………………………………………………….

Password: ……………………………………………………………………..

Notes: …………………………………………………………………………

## SOFTWARE LICENSE

Record your new computer hardware and software details.

Operating System Activation Code: ..................................................

Account ID: ..................................................................................

Password: ....................................................................................

PC Admin Username: ....................................................................

Password: ....................................................................................

Antivirus Software: .......................................................................

Purchase Date: ............................................................................

License Number: ..........................................................................

Software: .....................................................................................

Purchase Date: ............................................................................

License Number: ..........................................................................

Software: .....................................................................................

Purchase Date: ............................................................................

License Number: ..........................................................................

Software: .....................................................................................

Purchase Date: ............................................................................

License Number: ..........................................................................

Software: .....................................................................................

Purchase Date: ............................................................................

License Number: ..........................................................................

**NOTES**

Made in the USA
Monee, IL
04 November 2026

67382744R00059